우리 시대 현대시조 100인선 8

한야보(寒夜譜)

장응두

태학사

우리 시대 현대시조 100인선 8

한야보(寒夜譜)

초판 인쇄 2006년 6월 20일 • 초판 발행 2006년 6월 23일 • 지은이 장응두 • 펴낸이 지현구 • 펴낸곳 태학사 • 주소 경기도 파주시 교하읍 문발리 파주출판도시 498-8 • 전화 (031) 955-7580 (代) • 팩스 (031) 955-0910 • e-mail thaehak4@chol.com • http://www.태학사.com • 등록 제406-2006-00008호

ISBN 89-5966-072-8 04810 • ISBN 89-7626-507-6 (세트)

ⓒ 장응두, 2006
값 6,000 원

☞ 저자와의 협의하에 인지를 생략합니다.
☞ 파본은 구입한 곳이나 본사에서 바꾸어 드립니다.

차례

세월(歲月)·1	9
세월(歲月)·2	10
고목(古木)	11
매화(梅花)와 수선(水仙)을 두고	12
방(房)	13
실솔(蟋蟀)을 두고	14
국화(菊花)	15
낙엽(落葉)·1	16
춘몽(春夢)	17
춘우(春雨)	18
한야보(寒夜譜)·1	19
한야보(寒夜譜)·2	20
마의태자(麻衣太子)	21
그리움	22
빛은 살아 있다	23
강(江)물처럼·1	24
산(山)·1	25
산(山)·2	26
숲	27

비(碑)・1	28
비(碑)・2	29
춘설(春雪)	30
목련(木蓮)	31
환월도(環月圖)	32
산거(山居)	33
파도(波濤)	34
바다에서	35
산해당(山海棠)	36
송백(松柏)	37
향수(鄕愁)	38
강강수월래	39
송가(頌歌)	40
청산도(靑山道)・1	41
청산도(靑山道)・2	42
청산도(靑山道)・3	43
뢰(雷)	44
회청산곡(懷靑山曲)	45
벽(壁)	46

석류(石榴)	47
낙엽(落葉)·2	48
가랑잎	50
강(江)물처럼·2	51
춘외춘(春外春)	52
허림(虛林)	53
금붕어·1	54
원(願)	55
오월(五月)·1	56
오월(五月)·2	57
야국(野菊)	58
세정(世情)	59
송 추사 선생 서예(頌 秋史 先生 書藝)	60
고도(孤島)	61
송도(松島)	62
해운대(海雲臺)	63
금붕어·2	64
나룻가에서	65
허심(虛心)	66

승무(僧舞)	67
검무(劍舞)	68
귀로(歸路)	69
농악(農樂)	70
망각(忘却)	71
낙일(落日)	72
결별(訣別)	73
별리(別離)	74
세월(歲月)	75
빛도 흠뻑 쏟아라	77
시조송(時調頌)	79
천안도(天雁圖)	81
감추만상(感秋晚想)	82
이 한 날	84
3·1절(節)에	85
제승당(制勝堂)에서	87
매미	89
가랑잎	90
파초(芭蕉)	92

해설 自然頌, 그리고 돌아보는 삶의 빈 자리 · 박윤우
　　　　　　　　　　　　　　　　95
장응두 연보　　　　　　　　　　109

세월(歲月) · 1

먼뎃 벗은 떠나고
홀로 앉은 주막(酒幕)인데

거나한 걸음으로
나도 떠나 보랴한다

가다가 별빛을 헤치며
웃어라도 보란다.

세월(歲月)·2

지나간 자욱을랑
돌아다도 보지 말자

한바탕 웃음으로
사연이야 없을소냐

이마에 닿는 바람도
웃고 지나 가리라.

고목(古木)

정녕 그리움이야
절절한 외침인데

말없는 사연으로
이리 저리 굽은 가지

외면코 팔구빌 들어 학(鶴)을
받아 섰느냐.

세월도 이쯤이면
불러 대답도 함직한데

둘러선 연봉(連峰)을 마주
지난 날을 물어 본다

지나는 바람을 손짓하며
히히죽이 웃는다.

매화(梅花)와 수선(水仙)을 두고

창밖에 벙긋이
매화(梅花)는 정에 겨운 눈매인데

방안에 버는 수선(水仙)
제대로 올찬 모습

번갈아 보다가
수룻이 창을 열어 놓는다.

방(房)

고달픈 하룻날을
섬돌 위에 벗어 두고

살째기 문을 닫으면
방(房)은 온통 나의 영토(領土)

애정(愛情)도 한아름 꽃일레
산(山)이요 또 바달레

비에 젖은 자락
가만히 받아 걸고

마주앉은 자리
눈으로 오가는 정(情)

우주(宇宙)도 거추장스러워라
한쌍 조개껍질레

실솔(蟋蟀)을 두고

포곡성(布穀聲) 듣던 날도
낙락분분(落落紛紛) 가던 날도

목메인 설움이라
너도 나를 여기느냐

먼 먼날 흐르는 강물을
귀뚜리는 우는가.

국화(菊花)

국화(菊花)를 심었거니
가을이 쓸쓸하랴

아끼고 가꾼 정은
이날로 새로운데

지는 해 저무는 날을
봄인가도 여겨라.

낙엽(落葉) · 1

된바람 골로 내려
찬 서리 자지러지고

가랑잎 물에 떠서
어디메로 가려느냐

생긋이 웃던 야국(野菊)도
파르르르 떠누나

노루 기는 자욱 밑에
낙엽(落葉)이 소리한다

조심성스런 걸음
하마 놀라 뛸까 봐서

한밤에 절간엣 중이
홀로 앉아 듣는다.

춘몽(春夢)

짙은 잠이어서
그럴 줄을 몰랐더냐

차라리 벙어리로
깨지 못할 꿈이었거라

서러운 꿈도 아니언만
깨고 도로 서러워

춘우(春雨)

꿈결에 사로잡힌
아슬한 추억으로

깨었다 사리드는
아렴풋이 얕은 잠을

빗소리 재우는 양하며
도로 불러 깨운다.

한야보(寒夜譜)·1

쩌르릉 벌목(伐木)소리
끊어진 지 오래인데

굽은 가지 끝에
바람이 앉아 운다

구름장 벌어진 사이로
달이 반만 보이고

낮으로 뿌린 눈이
삼고 골로 내려 덮어

고목(古木)도 정정(亭亭)하여
뼈로 아림일러니

풍지에 바람이 새어
옷깃 자로 여민다.

한야보(寒夜譜)·2

뒷산 모롱이로
바람이 비도는다

흰 눈이 내려 덮여
밤도 여기 못 오거니

바람은 무엇을 찾아
저리 부르짖느냐.

마의태자(麻衣太子)

달밝은 밤일랑은
수룻이 일어서서

서라벌 굽어보며
긴 한숨에 젖을 적에

폭포도 땅을 치면서
소리 질러 울었노라

그리움

꿈도 아니어라
졸음 같은 속에서도

길을 가다가도
꽃잎 지는 속에서도

오! 언뜻 앗들려 오는
소리소리 발자욱

빛은 살아 있다

어둠은 밤을 차고
북대기는 여울소리

삶이란 삶은
온통 굽이굽이 물이랑인데

단 하나 저 회오리 속으로
빛은 살아 있었다.

강(江)물처럼 · 1

가다가 고달프면
쉬엄쉬엄 쉬어라도 가자

분(憤)에 겨웁거든
박차고 내닫기도 하자

그래도 가슴이 메이걸랑
넘치기도 하자꾸나

산(山) · 1

정녕 그리움이야
말없는 외침인데

그 숱한 서러움도
까마득히 잊었느냐

비바람 천둥 속에서도
기적조차 없구나.

산(山) · 2

천년(千年)을 다문 밀어(密語)
그대로를 눌러 짚고

끝내 벗지 못할
죄고(罪苦)이나 가졌느냐

그 언제 울었을 사슴도
기적조차 없구나.

숲

간간이 트인 하늘
호수(湖水)를 담아 이고

자욱도 없는 길을
안으로만 뻗으면서

이렇듯 지키고 서서
숲은 서로 말없다.

비(碑)·1

서러운 사람들아
무슨 사연 있거들랑

잠깐 멈췄다가
도로 웃어라도 보자

천년(千年)을 입다문 빗돌을
우리 닮아도 보자

비(碑) · 2

얼마나 기다림을
잊은 듯이 지녔기에

천년(千年)을 이렇지나
침묵(沈默)으로 젖어 있어

꽃처럼 피어 날 회화(會話)를
기다리고 섰느냐.

춘설(春雪)

먼 절 종소리에
흔들려 깨는 새벽

밤으로 내린 눈은
흔적조차 바이 없고

매화(梅花)는 호올로 오는 봄을
반겨 맞아 웃는다.

목련(木蓮)

진달래 골을 메워
자규(子規)를 부르던가

청산(靑山)이 말이 없어
꾀꼬리는 우짖던가

목숨도 바꿀 수 없는 정(情)으로
목련(木蓮)이야 피던가

환월도(環月圖)

풍진만리(風塵萬里)를 뉘라서 떨치고
잡을소냐 저 달을

너와 나 장장추야(長長秋夜) 한 고비
노니는 세월

달빛도 한데 어울려
히히죽이 웃는다.

산거(山居)

산가(山家)에 봄이 들어
뜰에 앉아 쑥을 캐오

가리도 걸어 놓고
꽃종도 뿌려두고

이렇게 늙는 맛으로
나는 산다하지오

파도(波濤)

끝없는 분노(憤怒)인 양
부딪혀 터지거라

솟구쳐 박지르는
마지막 정염(情炎)의 절정(絶頂)

이밤을 부르짖거라
깨뜨려도 보아라.

내닫다 뒹굴다가
한을 도로 깨물다가

되잡아 가쁜 숨을
돌머리를 치다가도

어둠을 박차고 나갈
불꽃이여 힘이여

바다에서

아청빛 바다에서
깊고 다시 넓었던가

물보다 짙은 가슴
밤낮으로 열었건만

끝없는 물길이
도로 닫은 문이었던가

줄없는 거문고의
애달픈 침묵(沈默)으로

노을 진 바다처럼
이젠 우리 떠나가자

왔다가 가노라고만
모래 위에 써놓고…….

산해당(山海棠)

연련히 기다림을
몸매로 지닌 산해당(山海棠)

붉은 여름으로도
오히려 못다 한 정(情)

신록(新綠)도 낙엽(落葉)도
네겐 덧없음을 어이랴

송백(松栢)

온갖 잎 다진 뒤에
백설(白雪)을 이고 서서

때론 소소(蕭蕭)히 바람을
불어 꾸짖다가

뜨고 또 잠기는 산하(山河)를
지키고만 섰는가.

향수(鄕愁)
― 양병식(梁秉植) 님께

창밖에 눈보라가
스산히도 몰아친다

창살에 눈더미가
차근차근 쌓이누나

잃었던 고향은 다가오는가
유리알을 만져본다.

강강수월래

가윗달 이슥토록
휘영청히 밝아있고

손에 손 이끈 원(圓)에
달무리로 흥은 번져

우리님 강강수월래
겨울 줄도 모른다.

송가(頌歌)
―4·19에 붙여

옳아! 장했거니
너 푸르른 불꽃들이여

타고 또 타다 못해
터지고 밟힌 이름들이여

앳되고 여린 가슴이
불러 깨어난 이 조국이여

조국은 하나여도
가슴마다 가진 조국(祖國)

자다가 불러 봐도
아늑한 이름이여
품안에 안긴 조국을
너희들은 보는가

청산도(靑山道) · 1

첫자욱 만들어진
길을 따르는 슬픔이여

설움도 행복도
오고 가는 길이로구나

모든 게 뒤깔린 바닥이
바로 길이었구나

청산도(靑山道) · 2

황혼 속 암암히 묻힌
청산(靑山)을 바라본다

모든 걸 나르는 길에
낙엽(落葉)이 뒹구는데

우리도 가고 있구나
가름길도 있구나

청산도(青山道) · 3

이길 다한 곳에
청산(青山)이 놓였느냐

청산(青山)도 날 부르고
나도 청산을 부르며 간다

온갖 걸 앞세워 두고
아니 가진 못한다

뢰(雷)

저 입을 막아보라
무엇으로도 막아보라

쌓이고 또 쌓인 한(恨)이
터지고도 저러하다

들어라 불길 속 숨긴 말을
귀 기울여 들으라.

회청산곡(懷靑山曲)

청산(靑山)에 살으리랏다
옛사람 일렀거니

내 그 청산을
한번 살아 못보아도

마음 속 깊은 청산을
나는 밟고 섰구나.

벽(壁)

주먹을 쥐고 보면
만사가 다 됨직하고

벽으로 돌아 누우면
서러움만 어리운다

나날이 밀고 일어서는
나는 벽을 가졌다.

석류(石榴)

활짝 열린 하늘
수정(水晶)으로 영근 밀어(密語)

알찬 사연에야
날로 갖는 보람인데

터뜨려 가슴 뻐개고
이리 다가오는가.

낙엽(落葉)·2

어인 일 났나 보다
마구 이리 쏟아진다

산천(山川)을 온통 비워 두고
훌훌이들 떠나느냐

숲들은 앙상한 가지를 두고
무슨 다짐일러냐

한잎 낙엽으로도
서름이사 그득한데

앞산은 대어들 듯
앞을 가로지르누나

봄비에 젖던 자락이
엊그젠데 그러니

어허 못다 한 내 청춘(靑春)도
아낌없이 더 졌니라

구울고 짓밟히어
가랑잎은 지치는가

내 여윈 손등을 들고
건너 숲을 바라본다.

가랑잎

한낮의 적막(寂寞)이
겨웁도록 시달리어

동령(東嶺) 마루턱에
드디어 고각(鼓閣)은 울고

어둠 속 저 왁자한 소리
가랑잎은 날은다.

그만한 정(情)과 그리움도
한갓 마지못한 이웃일레

이젠 마지막 자비(慈悲)조차
조락(凋落)을 밟고 넘는가

그토록 말할 수 없는 것이
이리 다가오는가

강(江)물처럼 · 2

불러도 대답없는
조국(祖國)에 태어난 죄(罪)로

사무친 원한이야
차라리 피에 젖은 아우성인데

오늘도 바람 속에 묻히어
원(願)만 오고 가는가.

멍든 가슴 속을
부딪쳐 흐르는 강물

조국(祖國)의 가슴에도
강물은 흐르는가

너와 나 부르며 대답하며
강물처럼 흐르자.

춘외춘(春外春)

떨어진 꽃잎 위에
한 나절이 지쳐 있고

꾀꼬리 「래들래들 고기용」
재우쳐 지저귄다

그 봄은 어디쯤 머물렀느냐
나만 여기 섰구나.

텅빈 성벽(城壁)인데
달은 밝아 그득하고

신비(神秘)론 입술로
겹친 꿈을 펼쳐본다

이윽고 한바탕 웃음만 남고
달도 가고 없구나.

허림(虛林)

한뼘 낡에서도
낙락(落落)한 숲을 본다

넌지시 외로 앉아
유현(幽玄)을 걸라치면

휘영청 세월이 쉬어 가는
가지들을 보는가.

지난날 제쳐 두고
앞을 당겨 물어 본다

제대로 지지발숨
거목(巨木)은 말이 없고

제 모습 백년(百年)을 한결로
창창(蒼蒼)히만 서 있다.

금붕어 · 1

화사(華奢)한 나의 의상(衣裳)
타고 난 슬픈 숙명(宿命)

애닯다 어이 북해청소(北海靑沼)를
내 모르랴

물 속에 잠긴 노을을
너는 반겨 웃는가.

하느적 수초(水草)를 저어
향수(鄕愁)를 몸짓하면

가슴 속 파고드는
야릇한 외로움에

마주 선 너의 심사(心思)도
물결지네 물결져.

원(願)

한 줄기 소나기처럼
그렇게 왔다가는

와락 달려드는
그리움의 한나절을

어이해 품속에 붙들어
잠재울 수 있을까.

허공을 건너듯이
무한으로 가는듯이

그 조촐한 가슴으로
밋밋이 솟은 산정(山頂)

어이해 그 속속들이 깃들어
잠들 수가 있을까.

오월(五月)·1

오월이 무르익네
이리로 나오너라

찔레꽃 마구 피고
꿩도 제도 절로 울고

하늘도 푸르른 들판에
긴 자락을 펼쳤다.

오동꽃 이글이글
골을 차고 넘는 향기

앞이 훤히 트인 담을
돌아 나서자면

손풍금 소리 들으며
발도 절로 가볍다.

오월(五月)·2

서럽다 파랑새야
나는 저 하늘을 이고 간다

너는 이 하늘이
그립지가 않느냐

날아라 너 좁은 장을
열어 주마 나의 새야

산수(山水)를 그리자면
창공을 그리리라

노래를 부르자면
오월을 부르리라

시원한 바람이 오면
나의 귀도 열리리라

야국(野菊)

구슬픈 피리인 양
하마 눈물 터뜨려도

하소도 그만이면
보는 가슴 더욱하다

가냘픈 바람결에도
간드르르 떨어라.

설움에 못다 한 정
호젓이도 돌아앉아

눈물도 숨겨두고
한이 절로 겨웁도록

갓스물 청상의 몸매
한결 애처로움다.

세정(世情)

강을 건너자니
살얼음 더욱 위태롭다

손끝에 닿는 한파(寒波)
더욱 매정스럽구나

길섶에 어린 손을 붙들고
호오 입김을 불어준다

어린걸 달래고자
「돈을 주랴 떡을 주랴」

한손에 떡을 받고
한손으론 돈 받는다

울던 놈 뺨을 부비며
내가 눈물 고인다

송 추사 선생 서예(頌 秋史 先生 書藝)

눈앞에 있건마는
이리 멀고 깊을 수야

어느 산(山) 수령으로
타고 내린 자락일까

우로(雨露)도 맥맥히 번지고
괴일대로 괴었다.

애틋한 정과 함께
곧은 절개 맺혀 있고

끝없이 꿈틀대는
저 양양(洋洋)한 물결을 본다

수없이 흔들고 갈앉았을
미물(微物)들도 엿본다.

고도(孤島)

언제라 푸른 꿈은
처용(處容)으로 살아 있고

한 먼 바다 굽이굽이
뜨라인 양 밟고 서서

그 숱한 산(山)들을 불러
이웃하질 않는다.

달마 도강(達摩 渡江)이냐
둥실 떠 흐르는 양

날로 어둠을 불러
억겁(億劫)을 지켰어도

갈 것은 제대로 지나가고
남을 것만 남았다.

송도(松島)

먼 바다 한 자락이
밀고 온 백사장(白沙場)을

둘러선 소나무는
히죽히죽 마주 웃고

떼지은 인어(人魚)는 후조(候鳥)인 양
꽃무늬를 깔았다.

해운대(海雲臺)

자욱한 안개 속을
달빛조차 으스한데

앞이 활짝 트인 물길
멀고 또한 가까워라

어이해 부서진 물결만
밀고 밀고 드느냐

금붕어 · 2

분(分)에 넘친 삶이
그리도 욕되던가

무거운 설움 일면
하느적이 밀어두고

헛되이 찢어진 시간(時間)을
몸짓으로 달랜다.

삶에 겨울수록
너를 진정 닮고 싶다

미움도 그리움도
머금었다 뿜어 두고

한 되박 못다 한 물로도
너 세상을 삼았다.

나룻가에서

강가에 가지 말자
하였는데 왜 왔던고

지난 날 몇몇 번을
이 강가에 속아 놓고

낯선 손 떠나는 걸로도
눈물지을 줄이야.

그땐 나룻배
오가는 길손을랑 될지라도

부디 강가엘랑
당부당부 살음 마소

무심코 지나는 손을
눈물질 줄 있네라.

허심(虛心)

향(向)이 남(南)으론데
하늬바람 탓을 하랴

눈도 채 녹기 전에
매화(梅花)는 저리 벌지 않나

멀잖아 그 훈훈한 바람이
뜰에 가득 차겠다.

마음이 여리고 보면
하염직도 하다마는

후미진 골이라서
봄이 걸음 늦추랴

담 밖에 성긴 동백(冬栢)은
벌써 봉이 텄는데

승무(僧舞)

모로 접은 고깔삶을
사뿐 눌러쓰고

한발 재껴
디딘 외씨 보선 밟은 시름

두리둥 울리는 북소리
한(恨)을 불러 깨운다.

검무(劍舞)

칼날에 이는 서리
달빛 아래 번득이고

한뜻 가진 보람
어깨로 으슥이면

산하(山河)도 바이 없어라
천년(千年)꿈을 깨우랴.

귀로(歸路)

돌길이 상그랍다
창파(滄波)도 아랑곳이랴

영고(榮枯)가 꿈 밖일레
내 청산(靑山)에 놓였거니

가락은 골을 울리고 남아
하늘가로 흐른다.

농악(農樂)

장강만리(長江萬里)가
손끝에 흐르느냐

늘어진 벌판이야
알찬 이삭 흥겨웁다

강산(江山)을 울리고 퍼지거라
어허 풍년(豊年)이로세.

망각(忘却)

번지는 꽃잎 위에
한나절이 머물렀다

항시 자랑으로
받드는 서러움도

오늘은 잊어먹어도
살 수 있나 보구나.

낙일(落日)

지난 세월이야
갈꽃처럼 흩날아 가고

구슬픈 피리인 양
슬픔이야 잦을소냐

저 건너 강(江)언덕을 베고
저녁놀이 조은다.

결별(訣別)

찬서리 이 한밤에
어이해 울고만 섰니

남고도 못한 정(情)은
씻은 듯이 벗어 두고

찢어진 치마자락을랑
조려밟고 가려마

별리(別離)

새는 절로 울고
새는 제는 절로 울고

너는 절로 가고
너는 절로 아니 오고

새 아니 울었는데도
꽃은 절로 피는데

세월(歲月)

세월은 실끝마다
푸르른 아픔일레

오늘도 차가운 누더기
햇살은 스며들고

지난날 헛되인 꿈들이
차곡차곡 쌓인다.

세월이 널 부르더냐
강물은 흘러만가고

온통 회오리 속
울부짖던 강산(江山)일레

허허론 달빛만 배고
빈 자국만 남았다.

목이 메인 적도
그저 웃고 지났니라

뼛속에 사무친 한(恨)도
달래어 보냈니라

세월이 하염없는가
덧없어라 덧없어.

빛도 흠뻑 쏟아라
-부산일보 창간 15주년(釜山日報 創刊 十五周年)에
  즈음하여

너 본디 종이언만
갈고 심고 비도 들고

지난 정 하다 하랴
신음도 잦았니라

날로 다 깃들인 정이
이리 흐뭇하던가.

창가에 앉아서나
길을 문득 가다가도

나날이 기다리고
허튼 세월 흘렀어도

차라리 열다섯 성상(星霜)이야
한둣로나 잡을까.

모진 이리 떼도
타일러 눌 앉히고

때론 노을처럼
노한 날도 가졌니라.

그 부름 있을 적마다
앞장으로 섰니라.

세월이 덧없으랴
돌고 또 도는 것을

사직(社稷)이 건널 적엔
몸소 발판되었다가

한 소리 우렁찬 외침으로
빛도 흠뻑 쏟아라.

시조송(時調頌)

시조(時調) 고흔 맛을
청자(靑磁)에 담았으라

한 알 집어내어
알알이를 구을리면

입 속에 그윽한 향기는
슬어질 줄 없어라.

눈으로 들어오고
입으로 하여 읊조리면

가슴 속 이는 흥이
더더욱이 깊숙한데

벗으로 주고 받을 적시야
비길 데가 없어라.

산수(山水)가 깃들이고
우로(雨露) 또한 서리우고

애틋한 정과 함께
굳은 절개 맺혀 있고

맥맥히 얽히고 흘러
다할 줄이 없어라.

곱게 닦인 구슬
투기고 밝은 빛이

만지면 쟁그르렁
절로 이는 맑은 소리

이 정을 어디다 두고
달리 무엇 즐기랴.

천안도(天雁圖)

항시 꿈은 날아
은하에 잠겼세라

하늘 가 뜬 구름도
발 아래 늪일런데

갈숲에 부서진 세월을
기러기는 아는가.

감추만상(感秋晚想)

타는 노을 속에
갈꽃은 드날으고

발걸음 자욱마다
시드는 풀잎인데

못다 한 그 청춘(靑春)은 흘러
다시 한번 멀구나

흐르느냐 세월아
거슬러 왜 못 흐르느냐

그 욕된 청춘(靑春)이 지나
도로 불러 보고프라

풀섶에 피는 국화(菊花)는
다시 심지 않으리

태풍도 지난 뒤면
도로 허전한 자리

젊은 적 속속들이는
나도 몰래 빠져 가고

등신만 가을 바람에
허새비들 마구 섰다.

이 한 날

산(山)마다 골짝마다
뚫어진 염통이라

원한에 부릅뜬 눈
자갈처럼 박혔는데

이 한 날 너로 한 보람을
어디서나 찾을꼬

세월이 흐를수록
모든 게 사라진다건만

어두운 이 하늘이
먹장으로만 쬐여 든다

이 한 날 새론 원한은
언제 씻어 볼꺼나.

3·1절(節)에

겨레의 분한 원이
그 날로 사무치어

피어린 가슴마다
뻐개고 터진 소리

이 날도 들려 오누나, 들려 온다 들려와

의(義)에 바친 목숨
총 칼이면 두려웠으랴

그 숱한 목숨들이
넘어지고 쓰러져도

맥맥히 뻗은 얼이야, 풀기 차다 풀기 차.

흘린 피 질퍽질퍽
가슴마다 적셨니라

그 날을 내 몫으로
가져보진 못하여도

피에다 적신 가슴이
마를 수야 있을라구.

제승당(制勝堂)에서

아청빛 스민 바다
임 가지신 뜻이런 듯

둘레에 곧은 대솔
임의 절개 그대론데

싸우다 잠깐 쉬는 듯
당(堂)이 물러 앉았다.

당 앞에 지지발숨
반만 누운 늙은 나무

이 날에 무거운 죄를
입은 듯이 말이 없고

상기도 호가(胡笳)를 듣는가
드[入]는 손도 말 없다

칼날에 이는 서리
달빛 아래 번득이고

시위에 걸린 화살
분에 겨워 떨던 양을

거북선 북을 울리며
다시 보고 싶어라

임께서 가지신 뜻
얼마나 하였건데

그때를 생각하면
소름이 끼치건만

사람들 승지(勝地)만 알고
병을 들고 설렌다.

매미

항거(抗拒)의 지열(地熱)이라
날로 불러만 짖느냐

또 다른 의욕이어던
안으로만 굽이쳐라

오로지 묻어 넘는 날을
호올로만 지키라

수천(數千) 만(萬)이요 억(億)으로
간직한 염(念)을랑은

한때 그싯는
분연(焚煙)으로 재우질소냐

한갓된 그 앞이 다가옴을
보고만 있으랴

가랑잎

한낮의 적막(寂寞)이 겨우도록 시달리어
바다처럼 밀리고 쏟아지는 가랑잎을 본다.
동령(東嶺) 마루턱에 종각(鐘閣)은 울고
불타는 골짜구니 저 왁자한 소리
어둠에 가리인 창살을 비집고
서로들 바삐 무너져가는
어제와 오늘을 본다.

그만한 이웃으로 우정(友情)과 애정(愛情)을 매만지고
서로들 마지못한 그리움과 의욕(意慾)도
한 겹 백지(白紙)로 가려진 안개!
이젠 마지막 바란 자비(慈悲)조차도
참지 못할 조락(凋落)을 밟고 넘는가.

가랑잎은 구으누나
구을다 내게로 옮아 다시 내게로 오누나.
그래도 말할 수 없는 것이 있다면
너는 어디로 가려느냐

어제도 가랑잎처럼 져가는 성좌(星座)가 얼마는 있었
니라
　오늘도 나부끼고 있는 것을……
　여기 가랑잎이 표표(飄飄)히 나부끼누나.

파초(芭蕉)

파초(芭蕉)!
처절한 애태움에
승화하는 푸른 지축(地軸)을 맡아 쥐고
오히려 경사(慶事)인 양
너울거리는 너 활개는
가볍게 흔들리는 봉황(鳳凰)의 꼬리.

바람은 매양 네게로 태고(太古)롭고
이래서 갈래갈래 우선(羽扇)에 가리인 양귀비(楊貴妃)!

한낮으로 버들가지 날르듯
소롯이 이르는 오수(午睡)가 가벼웁고나.

쏟아지는 빗발
청포도 알알이 우두두 구을고
달 아래이면
슬기로운 안개
너 꿈으로 향수(鄕愁)를 잃은 정적이여.

너는 언제고 마주 설 산(山) 봉우리
한가로이 부르면
파초(芭蕉)!

살짝 타고 내리는 체액(體液)을 삼키며
굽어지락을 훔치는 수집음이 설어워.

구르고 청청(靑靑) 일어선 몸매야
네게 호수(湖水)를 밀어다 줄까
너는 숲이 싫으냐
황혼의 적막이 네게로 간다

창 밖에 풋병아리
신비론 너 비밀을 옮기면
푸드득 아롱진
한쌍 공작(孔雀)을 안아다 주마

파초(芭蕉)!

피어오르는 핏빛 칠월(七月)의 체온이
네 가슴에 이리도 차거우냐

> 해설

自然頌, 그리고 돌아보는 삶의 빈 자리

박윤우

서경대 교수

1. 고독과 애수의 정취

　복잡다단한 현대사회에서 아직도 시조짓기의 전통을 고집하는 이들이 많은 이유는 무엇일까? 그것은 그저 우리의 고유한 멋과 정취를 되살린다는 생래적 감성의 차원에서 빚어진 것이라기보다는, 오히려 물질만능의 삶 속에서 쇠락해가는 인간의 정신적 고매함과 풍요로움을 회복시키려는 반성적 이성의 소산이라 해야 옳을지도 모른다. 본디 시조가 지닌 유교적 이념의 내포는 결코 생활로부터 유리된 이상적 관념의 세계에만 국한된 것이 아니라, 그 도덕적 이상사회의 가치관을 삶의 실제에서부터 구현하고자 한 생활양식이었다. 현대의 시조는 이러한 삶의 실제로부터 유리되지 않는 본연의 서정을 담고 있음으로 해서 오늘날 더욱 절실한 시적 역할을 수행한다.

　장하보 시인의 시조를 읽으면서 우선 느낄 수 있는 특징은 바로 이 삶의 실제와 서정이 철저하게 내면화되어 있다는 점이다. 자연적 대상과 사물은 물론이고, 삶의 현실과 그 정서적 인식을 주체의 관점에 수용하고 재구성하여 1인칭의 목소리로 드러낸다는 것이야말로 오랜 동안 시조 양식이 닦아놓은 우리 고유의 주객 합일의 경지, 즉 주체적 서정의 세계인 것이다. 시인은 산천초목을 노래하거나 춘하추동의 변화와 세월의 흐름을 읊조릴 때에도, 개인적 삶의 성정을 토로할 때에도 변함없이 자신의 마음을 들여다보면서 그 속내를 언어화한다. 그리고 그렇게 언어화된 주체의 인식과 정서는 장하보 시인의 모든 시편들에서 고독과 애수어린 정취를 머금은 채 나타난다는 점이 특징이다.

　시집 전편에 나타난 이러한 시적 정취는 크게 세 가지 방향에서 구현되고 있음을 볼 수 있다. 첫째는 자연적 대상에 대한 음송의 형태에 담겨 유추되는 삶의 인식이다. 이것은 자연을 있는 그대로 놓고 그 경지를 예찬하던 고시조의 전통에 맥이 닿아 있으면서도, 그 대상을 현실적

이고 일상적인 삶의 일부로 치환시키면서 정서적 반응을 궁극적 표현 내용으로 삼는다는 점에서 현대적인 면모를 지닌다.

둘째는 인간사 내지 세월의 흐름에 대한 객관적이고 반성적인 인식의 표출이다. 이 역시 인생에 대한 개인적 관념을 세상에 풀어놓는다는 점에서 시조의 격조를 충실히 따르지만, 세상사에 대한 상념이 곧바로 시적 자아의 내면적 사색을 통과함으로써 존재에 대한 인식으로 구심화되고 있다는 점에서 주목된다.

그리하여 마지막으로 장하보 시인의 시조는 세상 속에 있되 세상을 벗어나 고독과 애수의 낭만적 정서를 풍요롭게 누리면서도, 존재의 내면에 대한 순수한 명상의 세계에까지 다가서고 있는 것이다. 그 핵심에는 마음을 비움으로써 얻는 삶의 진리가 자리 잡고 있음은 물론이다. 이것이 장하보 시인의 시조에 공허와 풍요의 미묘한 변증법적 공간을 만들어내고 있는 것이다.

2. 자연에서 배우기

장하보 시인이 바라보는 자연의 물상들과 세계는 대부분 쓸쓸한 상념에 덧싸여 있다. 자연을 있는 그대로 바라보지 않고 시적 주체인 인간의 감정을 이입시켜 표현하는 것은 시조가 토대로 하고 있는 유교적 관념 세계의 직설적 표출로부터 한 단계 나아가 주관적 서정의 시선을 통해 대상과 세계를 관찰함으로써 보다 간접화되고 내면화된 시적 정서를 가능하게 하는 중요한 계기로 작용해 왔다. 그렇지만 이러한 서정적 시조의 세계에서도 우리는 '격조시(格調詩)'라는 이름으로 추구되는 순수한 관념적 자연, 혹은 도(道)의 세계가 엄연히 존재하며, 이러한 시조의 세계는 대상의 고유한 존재성을 인정하고 그 본연의 가치를 창조함으로써 영원히 대상화되는 절대적 세계로서 자리하게 된다. 이때 시인은 자연으로부터 배우기를 마다하지 않을 것이다.

그런데 장하보 시인의 시조에 나타난 자연은 고유한 존재로서의 대상이라기보다는, 오히려 시적 주체의 감정이 투영되고 이입된 존재, 즉 주체의 곁에 있는 자연, 또는 주체가 가까이하고자 하는 대상으로서의 자연이라는 점에서 소위 '격조시'의 저 도도한 세계와는 다르다. 그렇지만 있는 그대로의 자연 속에 몰입하여 유유자적하는 안빈낙도의 경지 역시 시인의 세계로서는 감당하기 벅찬 것이기도 하다.

현대를 사는 일상인으로서 우리는 이미 '자연적'으로 세상을 살기에는 너무도 멀리 나와버렸음을 부인할 수 없을 것이다. 그러기에 우리가 '이 세상'에서 자연을 말한다는 것은 곧 잃어버린 본원을 찾는다는 것, 즉 훼손되

지 않은 본래의 세계로 되돌아간다는 것을 뜻하지 않을 수 없다. 시인은 이처럼 자연에 다가서고 싶은 속내를 굳이 감추지 않음으로써, 오히려 자연과 하나가 되는 것이 힘겨운 삶의 비정함과 고독을 또렷하게 인식할 수 있도록 한다. 이것을 시적 자아의 개인적 정서로 머무르게 하지 않고 자연물 속에 채색시킴으로써, 시인이 바라보는 자연적 물상들이 다시금 그 고독과 애수의 정서를 사물화시키고 정화시키도록 하는 경지야말로 장하보 시인이 노래하는 정감어린 자연의 세계가 아닐 수 없다.

정녕 그리움이야/ 말없는 외침인데//
그 숱한 서러움도/ 까마득히 잊었느냐//
비바람 천둥 속에서도/ 기적조차 없구나.
─「산(山)·1」 전문

한뼘 낡에서도/ 낙락(落落)한 숲을 본다//
넌지시 외로 앉아/ 유현(幽玄)을 걸라치면//
휘영청 세월이 쉬어 가는/ 가지들을 보는가.//
지난날 제쳐 두고/ 앞을 당겨 물어 본다//
제대로 지지발숨/ 거목(巨木)은 말이 없고//
제 모습 백년(百年)을 한결로/ 창창(蒼蒼)히만 서 있다.
─「허림(虛林)」 전문

하염없이 지는 해당화를 바라보면서 연련한 기다림을 말하거나(「산해당(山海棠)」), 꽃잎 지는 속에서도 꿈결같은 그리움을 이야기하는(「그리움」) 시인에게 자연은 아련하고 애틋하게 피어오르는 그리움의 정을 의탁할 수 있는 오롯한 대상이다. 그렇지만 자연은 시인의 마음처럼 흔쾌히 넘치는 정감을 흘려보내주지 않는다. 분명 자연 속에는 세상사의 번뇌와 애수가 철철히 배고 스며 있는데, 정작 산은 그리고 나무는 아무 말이 없는 것이다. 왜 그런가?

정작 시인은 이 말 없음의 세계에서 자연을 배운다고 해야 할 것이다. 아니 보다 정확히 말하자면 그 자연적 고독의 세계를 통해 시적 주체가 그토록 연연하던 그리움의 실체가 바로 '고독'이고, 따라서 '고독한 물상'들을 바라봄으로써 고독에의 탐닉으로부터 벗어나 고독 자체를 명상할 수 있는 경지를 배우는 것이다. 자연 속에 몰입함으로써 물아일체의 세계를 누리는 것이 아니라, 자연을 관조하면서 오히려 자연에 가까이 하려는 욕망을 정화시키고 시적 주체의 주관적 정서를 자연적인 것으로 승화시키는 일이야말로 신선한 깨우침이 아닌가.

여기서 비로소 시인이 그토록 가고자 하는 '청산(靑山)'의 세계가 드러난다. 이 세계는 "모든 게 뒤깔린 바닥"이며, "설움도 행복도/ 오고 가는 길"(「청산도(靑山道)·1」)이다. 그렇지만 그 아련한 길을 "아니 가진 못"해

가고 있는 까닭은 "청산(靑山)도 날 부르고/ 나도 청산을 부르며 가"(「청산도(靑山道)·3」)기 때문이다. 이것이 바로 인간과 자연의 갈라진 거리를 없애는 일이며, 그것은 오히려 물아일체를 노래하면서 인간의 욕망을 한껏 부풀리기보다는, 본래적인 것을 회복함으로써 욕망을 버리고 인간을 돌아보게끔 하는 보다 순연한 진리 탐구의 자세가 아닐 수 없다. 비록 시인은 그 청산 자체가 될 수는 없을 지언정 "마음 속 깊은 청산"(「회청산곡(懷靑山曲)」)을 밟고 설 수 있는 자리에 있을 때, 일상인으로서 시인은 마음의 풍요를 얻을 수 있는 것이다.

3. 돌아보는 삶의 빈 자리

이런 의미에서 장하보 시인에게 자연은 사실상 인생과 삶의 흔적들이 묻어 있음으로 해서 더욱 생생한 정감을 불러일으켜 주는 대상이라 할 수 있다. 이것은 곧 시인이 말하는 삶의 모습들을, 시인이 자연에게 삶의 희로애락을 투사시키는 만큼, 자연의 흐름을 따라 유전해왔음을 뜻하는 것이 된다. 그러기에 시인은 자신의 삶의 역정을 돌아봄으로써 인생에 대해 생각하고, 그것을 다시금 자신에 투사시켜 의미화한다.

먼뎃 벗은 떠나고/ 홀로 앉은 주막(酒幕)인데//

거나한 걸음으로/ 나도 떠나 보랴한다//

가다가 별빛을 헤치며/ 웃어라도 보랸다.

　　　　　　　　　　　－「세월(歲月)·1」 전문

지나간 자욱을랑/ 돌아다도 보지 말자//

한바탕 웃음으로/ 사연이야 없을소냐//

이마에 닿는 바람도/ 웃고 지나 가리라.

　　　　　　　　　　　－「세월(歲月)·2」 전문

　여기서 보듯 '세월'을 노래하는 시인은 가다가 주막에서 술 한잔 걸치고는 또 어디론가 정처 없이 떠나는 나그네의 모습으로 나타나 있다. 그런데 이 '나그네'는 결코 지나온 삶을 돌아보려 하지 않으며, 호방한 '웃음'만을 자꾸 흘린다. 그렇다면 삶을 돌아보는 시적 주체는 어디로 갔단 말인가? 하지만 바로 이렇게 회한을 떨쳐 버리려는 나그네의 허허로운 발걸음이야말로 그것을 바라보는 시인의 관조적 시선이 만들어내는 역설적인 자기반성과 통한다는 점을 간과해서는 안 된다.

　서정시에 나타나는 본질적 정서로서 회고 내지 회상은 다시는 돌아오지 못하는 영원한 것, 그래서 향수를 불러일으킬 수밖에 없는 과거적 갈망의 대상을 현재화하려는 데서 빚어진 낭만적이고 복고적인 정서이기도 하지만,

적어도 장하보 시인의 작품에서만은 그렇지 않다. 그는 오히려 그러한 갈망을 떨쳐버리는 모습을 통해 지나온 삶의 역정을 반추하고자 하고 있기 때문이다. 이렇게 하는 것이 곧 자연적 삶에 충실한 것이다. 바로 그 세월의 무상함을 말하는 틈새에서 시인은 다시 한번 '청산'의 신선한 의미를 자각하게 된다.

> 돌길이 상그랍다/ 창파(滄波)도 아랑곳이랴//
> 영고(榮枯)가 꿈 밖일레/ 내 청산(青山)에 놓였거니//
> 가락은 골을 울리고 남아/ 하늘가로 흐른다.
> ―「귀로(歸路)」 전문

이처럼 시인은 다시금 자연 앞에 서서 인간의 욕망과 꿈에 얼룩진 세상의 영고성쇠로부터 자유롭게 되는 경지를 말하고 있다. 그것은 곧 '청산'을 자신의 앞에 가져다 놓는 일과 같은 것이며, 여기서 시인은 지나간 세월을 그리움과 기다림의 연연함으로서가 아니라, "저 건너 강(江)언덕을 베고/ 저녁놀이 조으"는(「낙일(落日)」) 허허로운 정경으로서 바라다 볼 수 있게 되며, 또 한편으로 '산가(山家)의 뜰에 앉아 쑥을 캐며 늙는 맛으로 사는'(「산거(山居)」) 허허로운 일상으로 대신할 수 있게 되는 것이다.

4. 새털처럼 가벼운 존재의 무게

그럼에도 불구하고 장하보 시인의 시조를 읽는 우리는 그의 작품이 무언지 모르게 가슴을 서늘하게 하는 그림자를 드리우고 있음을 느끼게 된다. 그는 꽃을 노래하고 봄을 읊조리며 바다에서 외쳐보기도 하지만, 그 곁에는 언제나 어둠이 내린 산과 바람 부는 골짜기, 그리고 그 틈바구니에 두 팔을 내리고 서 있는 고목의 침묵이 자리 잡고 있는 것이다. 아니 오히려 그 고목의 침묵을 아프게 헤앗는 바람의 울음 소리가 있다고 해야 옳을 지도 모른다.

시인은 자연으로부터 삶을 돌아봄으로써 마음을 비우는 법을 배웠다. 그렇지만 그것이 시인으로서 더 이상 존재의 내면을 들여다본다는 일을 부질없는 것으로 만들어 버리지는 않는다. 왜 그런가? 시인은 초가삼간 방 한 칸에 우주만물을 들어다 놓고 자연을 즐기는 존재가 아니라, 끊임없이 자신의 욕망을 떨쳐버리면서 길을 떠나는 나그네의 존재이기 때문이다. 그는 자신에게 덧쌓이는 존재의 무게를 버림으로써만, 그리고 그러한 자신의 행위를 텅 빈 시선으로 돌아봄으로써만 존재의 깊은 속을 들여다볼 수 있으며, 그렇게 할 때 비로소 존재의 무게로부터 진정 자유로와질 수 있다고 믿는 것이다.

쩌르릉 벌목(伐木)소리/ 끊어진 지 오래인데//

굽은 가지 끝에/ 바람이 앉아 운다//

구름장 벌어진 사이로/ 달이 반만 보이고//

낮으로 뿌린 눈이/ 삼고 골로 내려 덮어//

고목(古木)도 정정(亭亭)하여 / 뼈로 아림일러니//

풍지에 바람이 새어/ 옷깃 자로 여민다.

―「한야보(寒夜譜)·1」 전문

향(向)이 남(南)으론데/ 하늬바람 탓을 하랴//

눈도 채 녹기 전에/ 매화(梅花)는 저리 벌지 않나//

멀잖아 그 훈훈한 바람이/ 뜰에 가득 차겠다.//

마음이 여리고 보면/ 하염직도 하다마는//

후미진 골이라서/ 봄이 걸음 늦추랴//

담 밖에 성긴 동백(冬栢)은/ 벌써 봉이 텄는데//

―「허심(虛心)」 전문

  이 두 편의 시는 시인이 존재 탐구를 통해 찾아낸 대척적인 존재의 입지를 잘 말해주고 있다. 그것은 곧 아직 산에 눈이 녹지 않은 겨울밤의 애상(哀傷)과 고독이 마음의 빈 자리를 만들어내며, 그 빈 마음이 또한 눈 속에 핀 매화를 바라보도록 하는 경지와 통한다. 그러므로 「한야보」에서 문틈으로 새어드는 찬바람을 맞아 옷깃을 여미는 시적 주체의 행위는 고독으로부터의 탈출을 위한

몸부림이라기보다는 오히려 그 찬바람을 통해 인간사의 시련과 풍파를 더욱 선명하게 의식화하며, 스스로 정화됨으로써 고독을 무화시키는 자연스런 움직임이라 할 것이다.

그렇게 됨으로써 시인은 일상적 고독을 인간 존재의 본원적 고독으로 승화시킬 수 있으며, 이때 고독은 그저 그렇게 본디 있는 것일 뿐 전혀 힘겹거나 슬픈 삶의 대상거리가 안 된다. 다만 그렇게 부는 존재의 찬바람 사이로 또다른 훈풍이 불어오며, 시인은 그 속을 새털처럼 날며 느끼고 바라볼 따름인 것이다.

여기까지 이르면 우리는 장하보 시인의 자연시편들이 구축하고 있는 단단한 터와 넉넉한 마당을 엿볼 수 있을 것이다. 그것은 말하자면 정통적인 유교적 관념의 투사체로서의 자연도 아니요, 그렇다고 물외한인의 여유만만한 놀이 대상으로서의 자연도 아닌, 그리고 감상벽에 휩싸인 낭만풍의 감정이 이입된 자연은 더더구나 아닌 시인만의 독특한 자연 세계라 할 만하다. 시적 주체에 내면화된 것이자 동시에 시적 주체가 자연적으로 동화된, 그리하여 한층 높게 형성된 세계가 그것이다. 시인은 여기서 자연과의 거리를 망각하고자 하는 인간의 욕구를 그리되, 욕망을 버리는 '나그네'의 모습과 행위를 통해 나타냄으로써 존재의 깊이에 감추어진 허허로움의 미학을 찾아내고 형상화해내고 있는 것이다.

시인은 「시조송(時調頌)」이란 작품에서 시조에 대한 애착을 '맛'과 '정'의 양면성으로 노래하고 있다. 우리 근대시사에서 빼어난 자연송을 엮어낸 '청록파'의 시인들이 있었지만, 장하보 시인의 시조 작품들은 '비움의 목소리'를 통해 현대를 살아가는 이들에게 자연이 주는 맛과 정을 함께 읽어내고 음미하도록 하는 데 모자람이 없도록 해준다.

장응두 연보

1913년 11월 4일 경남 충무 출생. 호는 하보(何步).
        근 20세까지 한의사인 할아버지 밑에서 한학과 한의학을 배웠다.
1935년 청마 유치환 등과 <생리(生理)> 동인으로 활동. 처음엔 「가을」, 「상심」, 「밤길」, 「산길」, 「슬픈 그림」 등의 자유시를 동인지 『생리』에 발표.
1936년 동아일보 통영지국 기자.
1938년 『조선일보』 신춘문예 입선(시조 「관란(觀瀾)」).
1940년 『문장』지에 「한야보(寒夜潽)」로 데뷔.
1965년 한국문인협회 부산지부 부지부장 등을 역임.
1970년 3월 17일 작고.
1972년 유작시조집 『한야보(寒夜潽)』 간행.